AF601991

O
PULO
do
COELHO

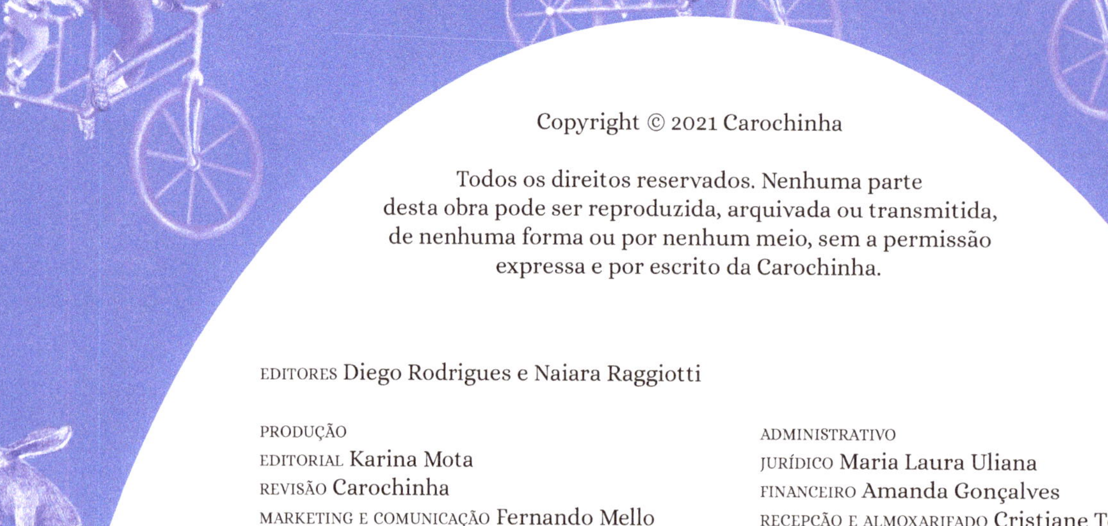

EDITORES Diego Rodrigues e Naiara Raggiotti

PRODUÇÃO
EDITORIAL Karina Mota
REVISÃO Carochinha
MARKETING E COMUNICAÇÃO Fernando Mello
ATENDIMENTO COMERCIAL E PEDAGÓGICO
Emerson Lima, Eric Côco,
Nara Raggiotti e Talita Lima

ADMINISTRATIVO
JURÍDICO Maria Laura Uliana
FINANCEIRO Amanda Gonçalves
RECEPÇÃO E ALMOXARIFADO Cristiane Tenca
RECURSOS HUMANOS Rose Maliani
EQUIPE DE APOIO
SUPORTE PEDAGÓGICO Cristiane Boneto,
Nilce Carbone e Tamiris Carbone

Ficha catalográfica – capa menino

Dados Internacionais de Catalogação na Publicação (CIP)
de acordo com ISBD

R175p Ramos, Lázaro
O pulo do coelho / Lázaro Ramos ; ilustrado por Lais Dias. – São Paulo: Carochinha, 2021.
48 p. : il. ; 20,5cm x 27,5cm

ISBN: 978-65-5949-062-2

1. Literatura infantil. 2. Animais. 3. Infância. 4. Sonho. 5. Relações interpessoais. I. Dias, Lais. II. Título.

CDD 028.5
2021-820 CDU 82-93

Elaborado por Vagner Rodolfo da Silva - CRB-8/9410

Índice para catálogo sistemático:
1. Literatura infantil 028.5
2. Literatura infantil 82-93

Ficha catalográfica – capa coelho

Dados Internacionais de Catalogação na Publicação (CIP)
de acordo com ISBD

R175p Ramos, Lázaro
O pulo do coelho / Lázaro Ramos ; ilustrado por Lais Dias. – São Paulo : Carochinha, 2021.
48 p. : il. ; 20,5cm x 27,5cm

ISBN: 978-65-5949-060-8

1. Literatura infantil. 2. Animais. 3. Infância. 4. Sonho. 5. Relações interpessoais. I. Dias, Lais. II. Título.

CDD 028.5
2021-404 CDU 82-93

Elaborado por Vagner Rodolfo da Silva - CRB-8/9410

Índice para catálogo sistemático:
1. Literatura infantil 028.5
2. Literatura infantil 82-93

1ª edição, 2021

ISBN capa menino: 978-65-5949-062-2
ISBN capa coelho: 978-65-5949-060-8

carochinha

rua mirassol 189 vila clementino
04044-010 são paulo sp
11 3476 6616 • 11 3476 6636
www.carochinhaeditora.com.br
sac@carochinhaeditora.com.br

Siga a Carochinha nas redes sociais:
  /carochinhaeditora

ILUSTRAÇÕES LAIS DIAS

O PULO DO COELHO

LÁZARO RAMOS

carochinha

Conheci um menino chamado Gusmão.

Gusmão é uma criança.

Criança é aquele pequeno ser humano
que tem até 11 anos.
Depois disso é pré-adolescente,
adolescente e adulto.

Anos é o conjunto de meses, dias e horas.
Um ano, pra ser bem exato, são 12 meses,
52 semanas, 365 dias, 8.760 horas,
525.600 minutos ou 31.536.000 segundos.

Tudo isso é o tempo.

Tempo é coisa
que corre rápido.

Rápido como
um coelho.

1968
Fevereiro/2
1 2 3
4 5 6 7 8 9 10
11 12 13 14 15 16 17
19 20 21 22 23
26 27 28 29

Coelho é um animal peludo
da família dos roedores. Come folhas e frutas.

Em todos os seus 11 anos de vida, Gusmão nunca viu um coelho de perto. Das frutas ele só provou manga e banana, que é o que tinha no quintal do seu avô.

Onde Gusmão vive tem muita cana.
Cana que é fruta também.

Gusmão não gosta tanto de cana. Acha muito doce e que machuca a mão quando tocada.

Da cana se faz açúcar, cachaça e melado.
Gusmão tem um primo que corta cana.

Gusmão era uma criança “querente”,
palavra que ele mesmo inventou.

Queria aprender a dançar o passinho, uma dança
que Gusmão viu um dia na TV da casa vizinha
olhando pela janela.

Queria ter o poder de acalmar sua avó, assim como
fazia Dr. Lindu, o médico do posto de saúde.

Queria também correr na chuva e sentir as gotas
baterem no seu rosto, sem hora pra acabar.

Era um monte de querer.
Mas tinha dúvidas se o querer dele
era suficiente pra deixar de ser “querente”
e se tornar um “vivente”.

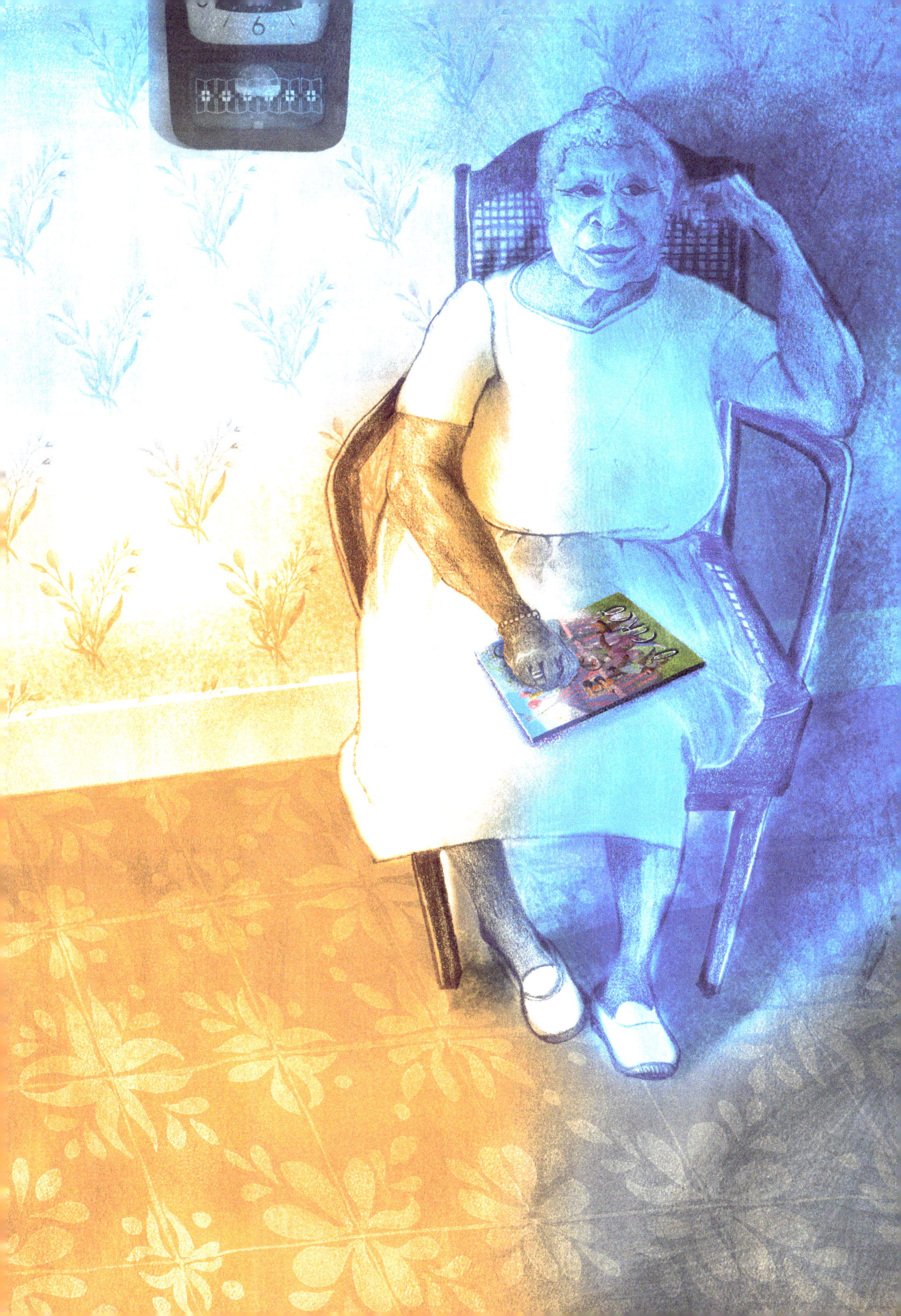

Gusmão dorme cedo.
Às 7 horas da noite ele já está na cama coberto e sonha. Às vezes acordado, mas na maioria das vezes dormindo mesmo.

Desde que ficou confinado, é sempre o mesmo sonho. Ele, que nunca viu um coelho, sonha que é um coelho. Mas hoje...

Hoje, nosso menino sonhou diferente.

Nesse sonho, Gusmão nasceu coelho.

Com alguns dias de nascido, o coelhinho Gusmão foi retirado da casa onde morava com a família pelas mãos do Homem de Fraque.

Ele não entendia nada, mas pelo sorriso do Homem de Fraque sentiu que ia fazer alguém feliz. Por isso, não lutou para ficar em sua casa.

Imaginou que a vida era mesmo assim e que talvez um mundo novo e de aventuras se abriria à sua frente.

Levantou as orelhas e se deixou capturar.

A gaiola em que o Homem de Fraque
colocou Gusmão não cheirava nada bem.
Em compensação, durante toda a viagem
ele recebeu uma boa quantidade de ração,
sempre seguida de uma frase carinhosa:

— Quero que você fique bem fortinho, Gusmão.

Isso fazia com que o coelhinho, feliz, saltasse de um lado
para o outro em agradecimento.

Percebendo a inteligência de Gusmão, o Homem de Fraque
começou a ensinar alguns truques ao pequeno coelho.
Truques que Gusmão aprendia e executava prontamente.
Sempre recompensado com uma rodela de cenoura.

Quando o caminhão parou e o Homem de Fraque
tirou o tecido que cobria a gaiola onde estava Gusmão,
um mundo de cores tomou os olhos do coelhinho.

A lona do circo, e a luz do sol, que teimava em brilhar
sobre Gusmão, deixaram-no fascinado,
imaginando que ali era mesmo o seu lugar.

Viu uma moça toda dobrada numa caixa.
Um menino com o rosto todo pintado e uma senhora
bem grandona, correndo atrás de um homem
pequenino. Gusmão sorriu. E soube:
essa é minha nova família.

À noite, foi informado
pelo Homem de Fraque que
seria sua estreia e que bastava
esperar no alçapão. Esperou.
Curioso, esperou. Ansioso, esperou.
Até que a mão do Homem de Fraque
adentrou o alçapão e o puxou pelas orelhas.

Um farol bem forte no rosto do coelhinho ofuscou
seus olhos. Escutou vários "Ohhh..." e palmas.
Quando ia baixar a cabeça em agradecimento,
foi interrompido pela mão do Homem de Fraque,
que o devolveu ao alçapão.

E, assim, dias e meses se passaram. Alçapão...
Mãos que puxam... Olhos ofuscados... Aplausos.
E novamente alçapão.

Um ano se passou, e as folhas do outono caíram,
as chuvas de inverno molharam seu pelo,
e lá se ia o coelhinho Gusmão na sua rotina,
sempre recompensado com rodelas de cenoura,
que ele já não suportava mais.

Um dia, não mais que de repente, Gusmão fez um exercício de pensar um pouco além. "Por que não?", perguntou pra si mesmo. E corajoso disse em voz alta:

— Quero ser o mágico.

— Mas isso nunca aconteceu antes — disse o Coelhinho Amarelo do Medo. — Coelhos foram feitos para ser o objeto da mágica e nunca o mágico. Procure o seu lugar, coelhinho atrevido! — sentenciou o Amarelante Coelho.

Mas Gusmão logo respondeu:

— Meu lugar é onde eu sonhar estar!

Na noite seguinte, o coelhinho fez tudo como sempre fizera.
Comeu sua ração, levantou a orelha,
se ajeitou no alçapão e esperou.

Quando o Homem de Fraque puxou Gusmão pra fora da cartola, o coelhinho deu um salto e se tremelicou tanto que não houve quem conseguisse segurá-lo.

Saltou no picadeiro, andou na corda bamba, passou pela jaula do leão, deixou o circo e sumiu na escuridão da estradinha.

A estradinha que nosso
herói pegou era mais longa
do que ele imaginava.
De "inha" não tinha nada.
Muitos buracos, barreiras e estradas
de terra. Isso fez o coelho crescer e aprender
muitas coisas. Pelo caminho conheceu novos
truques, novas danças, novos amigos.

Um velho e sábio coelho de cartola
deu-lhe muitos conselhos e o ensinou a lidar
com magia, pessoas e lugares.

Falou um pouco sobre coragem, ética, mas,
sobretudo, lhe disse pra caminhar para o futuro,
sempre respeitando o passado e aprendendo com ele.

O coelhinho então se sentiu pronto.

Fez um fraque pra si mesmo. Vermelho,
que era a cor de que ele mais gostava.
Juntou os apetrechos dos seus números
mágicos e se jogou na boleia de
um caminhão que ia na direção
da próxima cidade.

Única
esentação
GRANDE
Mágico Gus
Imperdível

Na cidade vizinha, achou abandonada uma lona velha de circo. Fez um cartaz com as próprias patas, onde escreveu:

Única apresentação
do grande mágico Gus.
Imperdível!

Saltou de um lado para o outro para espalhar a poeira e soprá-la para fora do picadeiro.

Vestiu sua roupa e esperou até o horário marcado.

Às 9 horas e 10 minutos rufou um tambor, abriu a cortina e entrou!

Lá estava seu primeiro público: um grilo sonolento, um menino cujo nariz escorria sem parar e um jumento, que entrara para se abrigar do sereno.

Gus deu o seu melhor.
Fez truques de cartas,
partiu seu corpo ao meio e depois
o recolocou no lugar, fez sumir
um ramo de flores e devolveu um lápis.

A resposta?
O menino do nariz escorrendo se retirou entediado,
o jumento disse preferir o sereno e o grilo fez:
cri, cri, cri...

O que poderia ter dado errado?
Os truques foram perfeitos!
A roupa estava mais que adequada
e o rufar de tambor tinha sido na intensidade
necessária para gerar uma expectativa.

Decepcionado, Gusmão recolheu seus apetrechos
e decidiu retornar ao antigo circo.
Queria seu espaço de volta no alçapão.

De novo na estrada,
nosso herói pensou que
fracassar era motivo bastante
para desistir. Pensou também que,
apesar de tudo o que tinha aprendido,
o mundo determina o lugar em que
cada um tem que ficar. E o seu,
pelo visto, não era aquele.

Em algumas paradas durante a volta,
ainda tentou fazer umas demonstrações
aos andarilhos, sem muito sucesso.

Já perto do circo, Gusmão me encontrou.
Eu estava cochilando quando escutei um leve
choro. Me levantei, caminhei até o coelho
e perguntei o que tinha acontecido.

Gusmão me contou
toda a sua jornada.
Entre lágrimas e sorrisos,
provocados pelas boas lembranças
que lhe vinham.

Os olhos do coelhinho
brilhavam como o Sol ao descrever
seus atos de bravura. O pescoço se esticava
quando falava do que havia descoberto,
como se ainda tivesse o que descobrir.

Mas, ao final de tudo,
Gusmão retornou ao seu pranto.

Me disse que estava cansado e, pior,
com preguiça de recomeçar.

Eu lhe disse a única coisa que me veio à cabeça.
A frase que aprendi ainda criança e que
me dá forças para atravessar os dias.

Não
sucesso
fracasso
seja

EXISTE
NEM
QUE
ETERNO

Quando escutou isso,
Gusmão sorriu o mais belo dos sorrisos.
Tomou fôlego e partiu correndo sem
nem me agradecer.

Chegou ao circo já resfolegando
e percorreu todos os *trailers*.
O homem que pilotava a motocicleta já
tirava a jaqueta — era sinal de que a atração
havia acabado, e logo começaria
o número de mágica.

Ansioso, o coelho queria encontrar
o Homem de Fraque e falar com ele.

Foi até os bastidores e lá estava o homem.
Com o fraque já puído e a cartola, antes preta,
agora acinzentada pela passagem do
tempo, mas com o mesmo rosto
de dono da vida do coelho.
Num salto Gusmão se postou
à frente do mágico.

O homem olhou fixamente para o coelho por um longo tempo.

Gusmão compreendeu que seu retorno não havia sido uma surpresa. O homem tinha certeza de que o fracasso era inevitável e de que logo ele voltaria. Num gesto rotineiro, pegou Gusmão pelas orelhas e o aconchegou no alçapão.

Nesse momento, a música anunciou a entrada do grande mágico. O Homem de Fraque lentamente puxou a gola do casaco para cima, respirou fundo, rctomou o porte nobre e o olhar de dono do coelho e seguiu para o picadeiro.

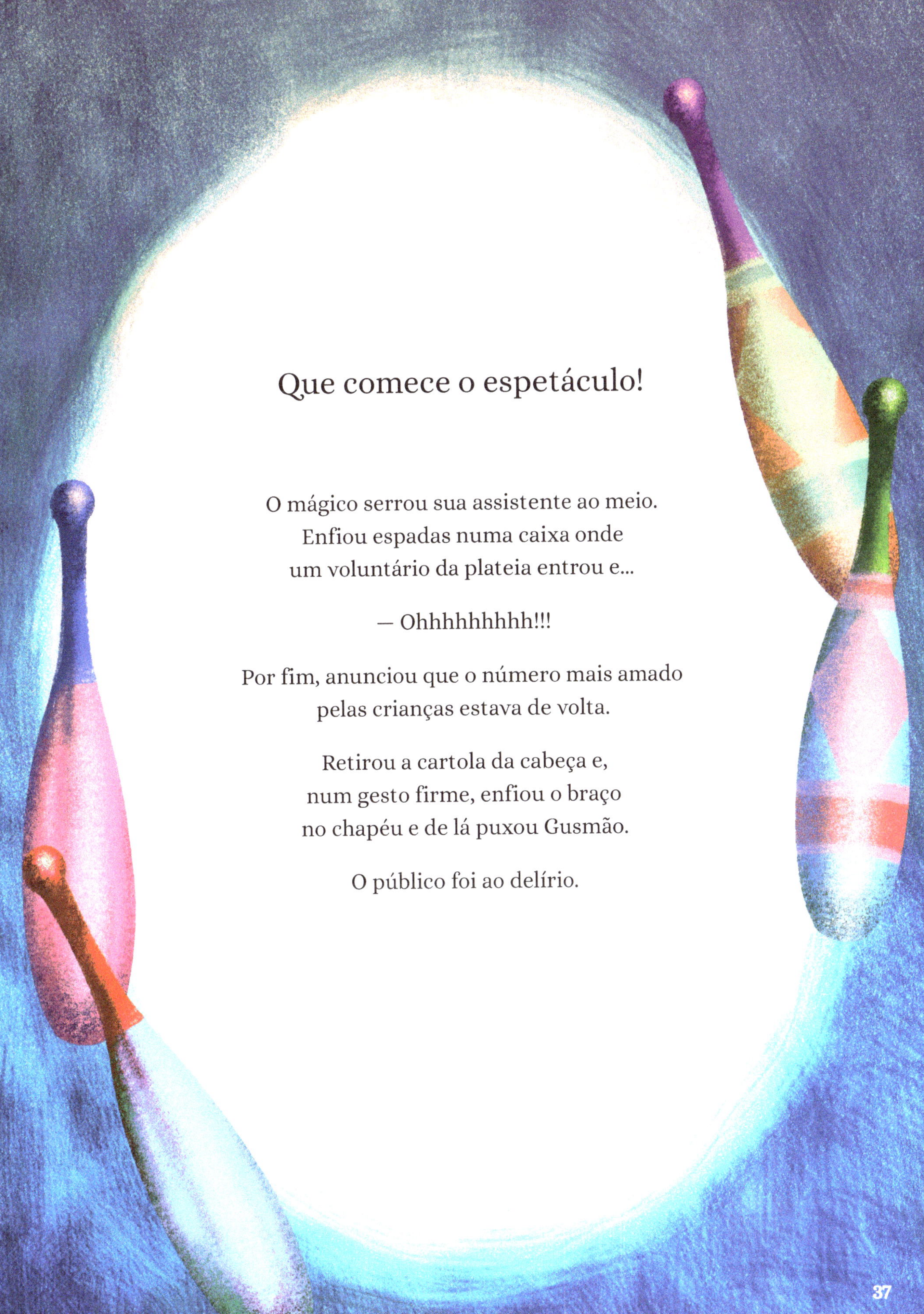

Que comece o espetáculo!

O mágico serrou sua assistente ao meio.
Enfiou espadas numa caixa onde
um voluntário da plateia entrou e...

— Ohhhhhhhhh!!!

Por fim, anunciou que o número mais amado
pelas crianças estava de volta.

Retirou a cartola da cabeça e,
num gesto firme, enfiou o braço
no chapéu e de lá puxou Gusmão.

O público foi ao delírio.

Repentinamente
Gusmão se desvencilhou das
mãos do mágico. Silêncio na plateia.

Agora que tinha a atenção de todos,
incluindo a do seu "dono", Gusmão girou,
levantando assim muita poeira. Tanta poeira,
que ninguém mais conseguiu vê-lo.

Quando a poeira baixou, Gusmão estava com seu traje
vermelho, que havia trazido de volta o mágico que
o coelhinho no fundo sabia que era.

Deu quatro saltos, e a cada salto um rastro dourado se
espalhava pelo ar. Pulou no colo de uma senhora e magicamente
transformou sua bolsa num buquê de girassóis.
Dançando, fez aparecer um pano que cobriu o corpo do
Homem de Fraque e num só movimento o fez sumir.

Todos aplaudiram entusiasmados!

Gusmão, emocionado, após fazer uma pose espetacular,
agradeceu à sua plateia.

Tornara-se, enfim, um mágico.

Depois do seu grandioso número, Gusmão voltou ao mesmo ponto onde eu estava e, profundamente emocionado, disse:

— Muito obrigado.

Satisfeito com o gesto dele, levantei e segui meu caminho.

Ainda escutei um grito do coelho mágico perguntando:

— Ei, inseto, quem é você e por que você tem essa cor?

Respondi:

EU SOU A ESPERANÇA

— Sou a Sábia Esperança.

Sábia, porque tenho espera no nome,
mas não fico parada esperando
que alguma coisa aconteça.

Entro em ação.
Com minhas longas pernas,
minha cabeça esperta
e meu grande coração.

Muitos outros coelhos
passaram pelo circo, alguns cheios
de sonhos, outros acomodados e felizes
com sua condição. Todos diferentes,
apesar de terem uma coisa em comum:
nenhum era refém de mágico algum que
se sentisse seu dono.

Todos eram fiéis aos seus desejos.
O tempo foi passando e cada vez mais tinha
coelho em todo canto, fazendo de tudo.
Eles se arrumavam para os espetáculos, sonhavam,
se dedicavam e se tornavam “viventes”.

Coelho mágico, coelho artesão que pinta a lona,
coelho palhaço que faz sorrir,
coelha domadora que faz a gente ficar boquiaberto,
coelhinho equilibrista, coelhinha trapezista,
coelho montando o cenário, coelho bilheteiro,
contorcionista, malabarista, dono do circo
e até saindo da cartola.

Ah, e tinha coelho que era só
criança mesmo, assim como
o menino Gusmão.

Gusmão acordou e pensou:
“Preciso contar esse sonho para o meu primo”.

Gusmão é uma criança.

Criança é aquele pequeno ser humano
que tem até 11 anos. Depois disso
é pré-adolescente, adolescente e adulto.

Anos é o conjunto de meses dias e horas.
Um ano é, pra ser bem exato, 12 meses,
52 semanas, 365 dias, 8.760 horas,
525.600 minutos ou 31.536.000 segundos.

Tudo isso é o tempo.

Dedicado a Jovi e Maricota,
minhas eternas inspirações,
e a Mário Gusmão.

Este livro foi produzido no Reino da Carochinha em abril de 2021. Desde então, os coelhos do Reino têm se inspirado a dar pulos cada vez mais altos, e adoram ouvir uma boa história contada pela Sábia Esperança.

www.ingramcontent.com/pod-product-compliance
Ingram Content Group UK Ltd.
Pitfield, Milton Keynes, MK11 3LW, UK
UKHW062007290726
14090UKWH00022B/1431